AF380989

# DÉSAMORCER LES CONFLITS PROFESSIONNELS

## Techniques et solutions pour des relations professionnelles durables

Par Claude Matoux

50MINUTES.fr

# DÉSAMORCER LES CONFLITS PROFESSIONNELS

- **Problématique ?** Comment faire en sorte de ne plus subir une atmosphère néfaste au sein de votre entreprise ? Comment déjouer vos propres réactions négatives ainsi que celles de vos collègues et de vos supérieurs ?
- **Utilité ?** Petites frictions, brouilles, mésentente, voire animosité marquée : les situations conflictuelles font partie de notre quotidien, même au travail. Apprenez à les analyser et à (ré)agir de manière plus constructive pour contribuer à une ambiance de travail plus agréable.
- **Contexte professionnel ?** Relations entre collègues, avec votre équipe, avec votre hiérarchie.
- **FAQ ?**
  - Le conflit est-il toujours négatif ?
  - Que faire en cas de conflit lié aux tâches ?

- Que faire en cas de conflit lié aux personnes ?
- Comment détecter les signaux de malaise ?
- Comment résoudre un conflit sans perdant ?
- Quelle est l'importance des conditions de travail ?

On ne l'aime pas, on l'évite et pourtant bien souvent il éclate.

Toute personne qui décroche un job rêve d'y évoluer dans « une bonne ambiance de travail », tout comme chacun espère un beau ciel bleu. Pourtant, stress, désinvestissement et agressivité s'installent de plus en plus fréquemment dans les équipes. Inévitable dans les relations humaines, le conflit est un processus dont il est intéressant de connaître les étapes de manière à pouvoir couper le mal à la racine.

Est-il inéluctablement un mal dans et pour l'entreprise ? À l'instar du stress, il souffre d'une connotation négative. Cependant, tout comme on distingue le bon stress, qui est un moteur, du mauvais stress, qui nous détruit, on peut percevoir le conflit positivement, comme une occasion d'innovation et de développement ou, négativement, quand il pourrit l'ambiance.

Plus vous serez attentif aux signaux de malaise, plus rapidement vous pourrez les comprendre et les gérer… pour autant que cela soit de votre ressort. En effet, le conflit peut trouver son origine aux différents niveaux de l'entreprise. S'il est né de l'institution ou de l'organisation (comme un changement d'horaire ou un changement de normes de production), il va falloir évaluer votre marge de manœuvre. S'il provient d'une remarque désobligeante d'un collègue, vous avez toute latitude pour réagir. Si vous êtes responsable d'une équipe, il est de votre devoir de maintenir la paix entre ses membres, un climat de confiance et un sentiment d'équité.

Les conflits nous blessent, nous stressent, nous rendent malades. Ils nous poussent à l'ironie, à l'agressivité ou au repli sur soi. Dès qu'il est question de conflit interpersonnel, il importe de prendre du recul par rapport à l'émotionnel et de trouver une solution gagnant-gagnant. Si seule une des parties est gagnante, le conflit n'est pas résolu ; il est simplement tu.

Et vous, êtes-vous plutôt acteur ou spectateur ? Des querelles de pouvoir aux guerres ouvertes entre clans, en passant par les mails assassins, les remarques désobligeantes et les crêpages de chignon, comment réagissez-vous ? Vous évitez ? Vous affrontez ? Vous entrez en compétition ? Vous vous accommodez ? Ou vous collaborez ? Il est important de comprendre vos propres mécanismes de fonctionnement et de bien vous connaître, afin d'être en mesure d'adopter des réactions plus adultes, respectueuses de l'autre et de son point de vue.

Lorsque nous nous rendons sur notre lieu de travail, c'est avant tout pour « travailler », pour produire ou réaliser des choses, généralement en interaction avec d'autres individus. Et contrairement à ce que veut nous faire croire Facebook, on ne devient pas ami en un clic : vos collègues ne sont pas vos *friends*, mais vos collaborateurs. Adoptez en toute circonstance au travail une attitude professionnelle, sinon gare aux débordements émotionnels ! Mieux : instaurez un climat de dialogue et poursuivez vos objectifs communs.

> Témoignage
>
> Sabrina accueille Catherine très froidement. La nouvelle arrivante n'a pas le même diplôme qu'elle et Sabrina la juge incompétente. « Je n'ai

rien contre toi mais je ne trouve pas normal que tu sois là pour faire le même travail que moi. » La culture d'entreprise de leur cabinet d'avocats veut que les collaborateurs se tutoient et se fassent la bise. Malaise : faut-il embrasser une personne hostile ou en remettre une couche en affichant le conflit ? Après des débuts peu cordiaux, cette histoire s'est bien terminée : Sabrina et Catherine se sont passionnées pour un projet commun, se sont investies et ont été reconnues pour leur mérite. L'une a pu dire à l'autre : « Le bisou du matin, maintenant, c'est de bon cœur. » Oui, il est possible de dépasser un conflit au travail et même de n'en garder aucun ressentiment.

# B.A.-BA DU CONCILIATEUR AVERTI

## RECONNAÎTRE UN CONFLIT

Situation banale et inévitable dans la vie professionnelle, le conflit se produit chaque fois que les préoccupations d'au moins deux personnes semblent inconciliables.

- Tout conflit oppose au minimum deux parties : deux personnes ou plus, deux équipes, deux groupes, une personne et un groupe, etc.
- Tout conflit sous-tend une menace ou une lutte, qu'elle soit réelle ou imaginée.
- Tout conflit naît d'une interaction entre personnes.
- Il est le plus souvent chargé d'émotions.

### Conflit cognitif ou conflit relationnel ?

- Le conflit cognitif porte sur l'objet du conflit. C'est un affrontement d'idées, occasion d'innovation et de développement. Il est souvent bénéfique à l'équipe et à l'entreprise.

- Le conflit relationnel porte sur la relation entre les protagonistes. Le pouvoir et les émotions sont au cœur de ce type de conflit. L'objet, dans ce cas, importe peu et il est inutile de chercher une solution en passant par lui… cela ne ferait qu'envenimer les choses ! C'est sur ce dernier type de conflit que nous allons nous concentrer.

# Les composantes du conflit

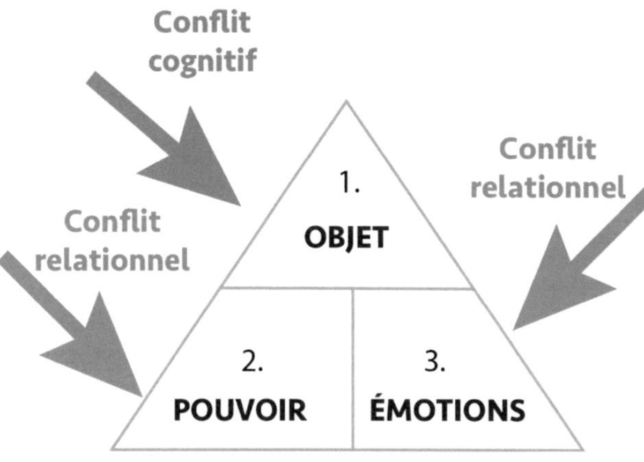


1. Affrontement d'idées sur :
   - les processus
   - le contenu
   (peut être bénéfique)

2. Lutte pour :
   - les ressources
   - les droits et privilèges
   - les intérêts concurrents
   - les visions de la réalité

3. Remise en question :
   - des compétences
   - de l'estime de soi
   - des valeurs

## La source du conflit relationnel

Les origines d'un conflit relationnel peuvent être multiples.

- **Les faits** : votre collègue détient des informations qu'il ne vous transmet pas ; votre patron met la priorité sur des objectifs qui vous paraissent secondaires ; votre hiérarchie vous soumet à une évaluation mal conçue par rapport à votre réalité de terrain.
- **Les ressources :** votre collègue, qui s'est vu attribuer du matériel neuf, reçoit des éloges sur sa rapidité d'exécution pendant que vous vous débattez avec votre vieux PC ; vous manquez de temps pour effectuer toutes vos tâches.
- **Les intérêts concurrents** : votre collègue convoite la même promotion que vous ; votre hiérarchie propose un nouvel horaire qui ne vous convient pas ; votre collègue veut ouvrir la fenêtre même quand vous avez froid.
- **Les valeurs** : votre patron ne vous dit jamais bonjour ; votre collègue est psychorigide ; un autre collègue ne participe jamais aux moments festifs.

# Le conflit comme processus

Toute communication interpersonnelle suppose une relation entre un émetteur et un récepteur. Le conflit s'installe au sein de la relation. Or la relation étant un processus vivant, le conflit est susceptible de s'envenimer progressivement ou, au contraire, de se résorber de lui-même et laisser place à la paix !

De la simple exaspération à la guerre, on peut distinguer cinq étapes :

- l'accumulation (frustrations, ressentiments) ;
- l'indifférence contrôlée (tensions, communication sans plaisir) ;
- l'évitement (espacement des rencontres) ;
- la guerre froide (attaques subtiles, alliances) ;
- la guerre déclarée (accusations, plaintes).

Vous comprendrez donc facilement que plus tôt vous vous attachez à résoudre le conflit, plus vous avez de chance d'y parvenir.

# RÉACTIONS POSSIBLES FACE À UN CONFLIT

Comment vous y prendre lorsque vous êtes confronté à un conflit ? Même si l'on peut réagir différemment selon les situations de conflit auxquelles on est confronté, chaque individu privilégie un type de stratégie selon les cas. Deux vecteurs déterminent le type de réaction en gestion de conflit :

- la motivation à défendre ses intérêts, d'une part ;
- la motivation à coopérer avec l'autre, d'autre part.

Le croisement de ces deux tendances présente cinq façons de réagir aux conflits.

# Réactions face aux conflits

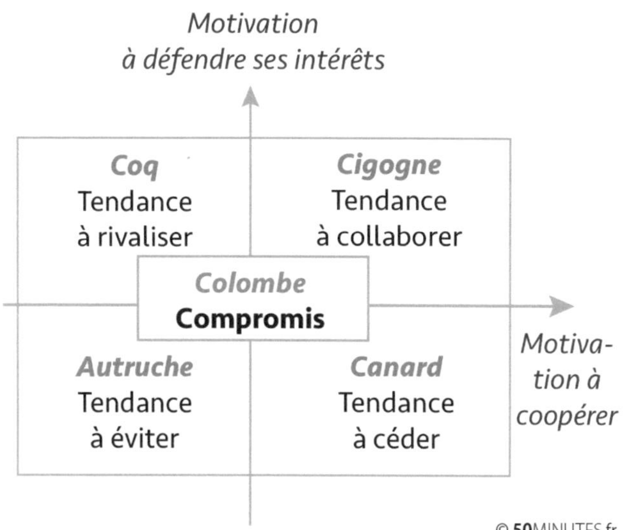


## L'autruche

L'autruche choisit d'éviter le conflit à tout prix en enfouissant sa tête dans le sol. Elle préfère renoncer à ses intérêts personnels plutôt que se risquer à exprimer un désaccord. Elle se sent mal dès qu'elle perçoit des tensions et opte pour le retrait plutôt que la confrontation.

Les autruches n'ont pas l'espoir de résoudre les conflits. Leur stratégie consiste à les éviter.

## Le coq

Le coq privilégie ses intérêts, quitte à forcer ses partenaires à accepter ses conditions. Ses objectifs priment sur les besoins des autres. Il veut gagner à tout prix et n'hésite pas à intimider, dominer ou écarter ses rivaux.

Les coqs ont une conception duale du monde selon laquelle on est dominant ou dominé. Dès lors, ils s'activent pour être vainqueurs. Les conflits les stimulent. Leur stratégie consiste à rivaliser constamment avec leur entourage.

## Le canard

Le canard veut qu'on l'accepte et qu'on l'aime. Il a toujours peur de blesser les autres et est même prêt à renoncer à ses intérêts pour garder de bonnes relations. Il a tendance à toujours dire « oui », même s'il pense « non ». Le canard sait que certains abusent parfois de sa gentillesse, mais il se persuade que cela lui fait plaisir de rendre service.

Les canards redoutent les conflits parce qu'ils pensent qu'ils nuisent aux relations personnelles et à l'harmonie de l'équipe de travail. Leur stratégie consiste à céder.

## La cigogne

La cigogne tient autant à ses intérêts qu'à ses relations avec les autres. Elle cherche à trouver des solutions dans une perspective gagnant-gagnant. Elle tâche de déterminer et d'atteindre des objectifs communs. La cigogne est désireuse de travailler dans un climat de confiance et de respect mutuel.

Les cigognes considèrent donc positivement les conflits, car elles y voient une occasion d'amélioration du travail et de meilleure entente entre les personnes. Leur stratégie consiste à collaborer.

## La colombe

Les personnes du type « colombe » sont des gens de dialogue. Elles sont prêtes à laisser tomber une partie de leurs intérêts et savent argumenter avec les autres pour qu'ils acceptent d'abandonner, eux aussi, une partie des leurs.

Elles communiquent de manière à trouver un accord.

Les colombes affrontent les conflits et discutent en vue d'une solution pacifique respectueuse de leurs interlocuteurs et d'elles-mêmes. Leur stratégie consiste à rechercher le compromis.

## RÉSOUDRE LE CONFLIT SANS PERDANT

### La communication avant tout

Toute gestion de conflit qui passerait par la domination et la contrainte ne résoudrait rien à long terme. L'utilisation de la force ne ferait que nourrir le sentiment de ne pas être entendu et la frustration. La manière constructive de gérer les conflits passe obligatoirement par la collaboration ou par le compromis.

Dans tout conflit, les protagonistes ont la conviction d'avoir raison et donc d'avoir la légitimité pour eux. On ne peut sortir du conflit sans que chacune des deux parties obtienne satisfaction, au moins partiellement. Dès lors, il faut communiquer. La résolution de conflits passe par la communication pour exprimer la situation conflictuelle et ses enjeux pour les différentes parties, et par la négociation pour arriver à une solution mutuellement acceptable. Nous vous proposons ici cinq outils de communication qui ont fait leurs preuves.

## Le DESC

Il s'agit d'une technique servant à faire passer les messages délicats : exprimer son désaccord à un collègue, recadrer un collaborateur, annoncer une mutation ou un licenciement, etc.

- **D pour « description des faits »** : on est précis et factuel. On évite les généralisations comme les « toujours » et les « jamais » et les approximations comme les « souvent » et « on m'a dit ». On reste objectif. Les faits doivent être incontestables et vérifiables.
- **E pour « exprimer son sentiment »** : on nomme son émotion, son ressenti, en toute sincérité.
- **S pour « solution concrète et contrôlable »** : on propose une piste réaliste.

- **C pour « conséquences positives »** : on fait le lien entre la proposition concrète et une perspective positive motivante.



> • Daniel et Pierre s'entendaient très bien et collaboraient de manière agréable et efficace. Or, depuis que Daniel a été nommé chef d'équipe, l'attitude de Pierre a changé à son égard. Le manager se sent contesté, voire boycotté dès qu'il propose des pistes de travail. Daniel décide de convoquer Pierre pour un entretien en face à face.
>
> • D – « Pierre, ces deux dernières semaines, lors des réunions d'équipe hebdomadaires, tu rejettes systématiquement mes propositions de travail. Je constate cette opposition depuis que j'ai été nommé chef de projet. »
>
> • E – « Je veux te dire, comme je le ressens, que je suis déçu et en colère. Déçu parce que j'ai beaucoup apprécié notre collaboration passée et en colère parce que maintenant je me sens traité en ennemi. »
>
> • S – « Je te demande de considérer nos projets communs, de privilégier le bien-être de l'équipe et de l'entreprise. »
>
> • C – « Je souhaite pouvoir compter à nouveau sur tes compétences. Nous avons tous à y gagner. »

L'essentiel, dans le DESC, est de s'affirmer sans dénigrer et d'adopter un comportement non verbal adapté.



## L'empathie

L'empathie est votre faculté à vous mettre à la place d'autrui. C'est une capacité naturelle que vous pouvez développer pour diminuer l'hostilité de vos interlocuteurs. Son absence, en revanche, est susceptible de l'augmenter !

Le conflit reposant souvent sur une divergence de points de vue, le fait de montrer à votre interlocuteur que vous êtes capable de comprendre le sien aura tendance à calmer le jeu. Dès lors, comment fonctionner de manière empathique ?

Exprimez votre empathie : « Je comprends que tu sois déçu. »

- Reformulez ce que l'autre vient de dire : « J'entends que tu espérais pouvoir te rendre à la formation. »
- Nommez les besoins de l'autre : « Je sais qu'elle t'aurait été utile. »
- Nommez vos propres besoins : « Nous sommes en sous-effectif et j'ai besoin de ta présence pour répondre à la commande qui doit partir vendredi. »
- Dites que vous pourriez réagir de la même façon : « À ta place, j'aurais été déçu aussi. »
- Créez un lien positif avec le futur : « Je te considère comme prioritaire dans l'équipe pour la formation du semestre prochain. »

## L'écoute active

En situation de conflit, chaque partie tient à son point de vue et est persuadée d'avoir raison. Si chacun reste sur sa position et se ferme à l'autre, il n'y a aucune chance de trouver un terrain d'entente. Écouter l'autre ne signifie pas « adhérer à sa manière de voir » mais « entendre son opinion afin de trouver un compromis ».

La parabole des aveugles et de l'éléphant raconte qu'un prince traversait une contrée peuplée d'aveugles à dos d'éléphant, animal inconnu dans ce pays. Trois aveugles furent délégués auprès de l'étrange monture pour la toucher et décrire cet animal aux autres. Le premier aveugle, qui n'avait touché que l'oreille, expliqua qu'il s'agissait d'un animal ressemblant à un tapis rugueux battu par le vent sur une corde à linge. Le deuxième, qui n'avait touché que la trompe, dit que c'était une sorte de serpent très épais et très nerveux. Le troisième, qui n'avait touché que la patte, raconta que c'était une bête massive et calme comme un arbre. Les aveugles se traitèrent mutuellement de menteurs et en vinrent aux mains, chacun prétendant avoir raison.

La sagesse veut que vous puissiez reconnaître que vous n'avez accès qu'à une part de la réalité : votre vision du réel, forcément subjective, est biaisée par les nombreux filtres que sont votre culture, votre histoire, vos expériences, votre personnalité, vos pensées et vos émotions. C'est en communiquant que vous pouvez élargir votre point de vue et, comme dans la parabole, avoir une vision plus juste de la réalité. Il est d'autant plus intéressant d'écouter la position de l'autre que, si vous ne le faites pas, vous lui prêtez souvent des intentions négatives.

L'écoute active est un outil puissant. Elle demande « simplement » une certaine ouverture d'esprit, au moins le temps du dialogue. À l'inverse, l'incapacité ou le refus d'écouter l'avis de l'autre relève de la violence. L'expérience montre qu'il est fréquent de sortir du conflit sans même avoir à procéder à une négociation si chaque partie peut à la fois s'exprimer et écouter l'autre.

## CLIN D'ŒIL MANAGER

En cas de conflit relationnel dans votre équipe, gérez le conflit en groupe. Annoncez deux tours de parole :

* lors du premier, chacun prendra la parole pour s'exprimer, en son nom, sur le conflit (comment il a perçu les faits et quel est son ressenti). Quand un membre de l'équipe parle, les autres se taisent. Il est interdit de dire quoi que ce soit tant que ce n'est pas son tour, même si c'est difficile ;
* lorsque chacun s'est exprimé une fois, proposez un nouveau tour qui permet de

réagir à ce qu'ont dit les autres. Comme au premier tour de parole, ceux qui n'ont pas la parole écoutent et se taisent.

Vous n'avez aucun commentaire à faire. C'est l'équipe qui gère le conflit, vous avez juste à distribuer la parole et à en gérer le temps. Ces deux tours terminés, continuez les activités prévues ; il n'y a rien à ajouter... juste laisser décanter.

## L'expression en « je »

En gestion de conflit, il est évident que les accusations doivent être évitées. Les « tu », souvent chargés de reproches et de jugements, sont à bannir : « Tu m'énerves. Tu ne comprends pas. Tu ne devrais pas faire ça. Tu n'écoutes pas. »

Les « je » expriment en revanche où vous en êtes et rassurent vos interlocuteurs : « Je suis fatigué. Je voudrais comprendre. Je pense que tu y arriverais mieux en écrivant lisiblement. Je voudrais avoir ton attention. »

Parler à la première personne est souvent difficile pour ceux à qui on a appris qu'il ne fallait pas parler de soi et se vanter. Dites-vous qu'il s'agit d'exprimer vos opinions et vos sentiments, pas de vous glorifier. Il s'agit avant tout d'une démarche d'honnêteté et de non-agression.

**TEST–QUELLEFORMULATIONPRÉFÉREZ-VOUS?**

- « Tu dois arriver à l'heure » ou « Je compte sur ta présence à 8 heures » ?
- « Tu m'empêches de travailler » ou « J'ai besoin de calme pour me concentrer sur mon travail » ?
- « Tu dois terminer ce rapport pour 15 heures » ou « J'ai besoin de ce rapport avant que le client n'arrive, à 15 heures » ?

En parlant en « je », vous évitez tous les conflits qui pourraient naître du sentiment d'accusation de vos interlocuteurs. Nous n'aimons généralement pas les ordres ; évitons d'en donner aux autres !

# L'assertivité

Mode idéal de communication, l'assertivité est tout indiquée dans la gestion des conflits. C'est le comportement « ni hérisson ni paillasson », autrement dit celui où vous vous respectez et où vous respectez vos interlocuteurs.

Si vous êtes déterminé et conscient de votre propre valeur, vous n'aurez pas peur du jugement des autres. Dès lors, vous oserez affirmer vos besoins et vos opinions. Plutôt que regretter que les personnes ne soient pas différentes, vous appréciez la discussion et pouvez argumenter fermement et courtoisement. Puisque vous ne vous sentez pas menacé, vous restez attentif à vos objectifs tout en étant intéressé par les arguments de la partie adverse. Vous savez que commettre une erreur n'est pas une catastrophe. Vous ne cherchez donc pas à épingler l'un ou l'autre manquement mais à avancer idées et projets pour créer des résultats.

### « NI HÉRISSON NI PAILLASSON »

Pour dégager de la confiance en vous, mettez de la clarté dans vos pensées et de l'assurance dans vos actions. Posez des questions ouvertes. Marchez d'un pas énergique. Tenez-vous droit. Souriez ! Soyez concret et réaliste. Parlez des faits, pas de la personne : critiquez le plat raté, pas le cuisinier.

## PACIFIER UNE ÉQUIPE

Un responsable d'équipe a un rôle d'organisation, de gestion et de conduite d'une équipe. Selon son style de management, il se centrera sur la tâche, sur la relation ou sur les deux. L'harmonie de l'équipe, et donc la gestion des conflits, fait partie de sa fonction. À lui d'intervenir s'il est personnellement impliqué dans un conflit avec un membre de son équipe, s'il constate un conflit interpersonnel entre deux membres de l'équipe, ou un conflit de groupe, que ce soit à l'intérieur du groupe ou entre deux groupes.

Le chef d'équipe doit toujours avoir à l'esprit que certaines frictions, bien canalisées, peuvent avoir une action de stimulation et de change-ment au sein de l'équipe. Le dialogue né d'un conflit, quand il est bien géré, permet des prises de conscience et une meilleure connaissance de l'autre partie. Une saine remise en question peut se révéler libératrice de tensions et déboucher sur des idées innovantes.

En tant que responsable d'équipe, aidez les parties à résoudre le conflit ; n'essayez pas d'en venir à bout à leur place. Vous devez faire en sorte que les parties s'écoutent. Amenez-les à toujours parler de leurs besoins et pas de leurs frustrations. Les accusations sont à éviter au maximum. Laissez du temps au dialogue et aux silences, encouragez la reformulation, laissez émerger les solutions en intervenant le moins possible. L'issue sera plus juste et mieux acceptée si elle vient des personnes impliquées ou de l'équipe que si elle paraît imposée par la hiérarchie.

### CLIN D'ŒIL EMPLOYÉ

Tenez votre responsable au courant de vos besoins. Ayez des objectifs clairs et osez lui dire « non » si vous pouvez lui expliquer que c'est juste. Mieux vaut un refus argumenté que du ressentiment ou un burn out !

# TOP CONSEILS

- Même si les autres vous énervent, soyez conscient que vous ne pouvez pas les changer : votre seule possibilité de changer la relation est de modifier votre propre comportement. Vous devez donc accepter de vous remettre en question et agir.
- Soyez franc : dès les premières tensions, adressez-vous aux personnes concernées. Cette démarche permettra de clarifier les choses avant qu'elles ne s'enveniment. Cela permettra surtout de ne pas amplifier ou déformer les propos litigieux via personnes interposées, ainsi que d'empêcher les prises de parti et la formation de clans.

## <u>À ÉVITER</u>

Ne communiquez pas par écrit si vous êtes énervé. Évitez par exemple de réagir par courriel. Si vous ne pouvez y échapper, bannissez le caractère gras et le soulignement, extrêmement agressifs. De même, écrire en majuscule et abuser des points d'exclamation équivaut à crier.

Ne répondez donc jamais dans l'émotion à un mail déplaisant. Prenez le temps de la réflexion ; au besoin, faites-vous relire par une tierce personne, et n'oubliez pas que les écrits restent.

- Informez vos collaborateurs de vos attentes, de vos activités, de ce que vous connaissez des changements à venir dans l'entreprise.

## CLIN D'ŒIL EMPLOYEUR

Ne faites pas de rétention d'informations. Soyez clair dans vos consignes et vos attentes de manière à limiter les malentendus du genre « personne n'avait dit qu'il fallait travailler comme ça » et les frustrations de type « on n'est jamais au courant de rien ». Transmettez les informations à tous les membres de l'équipe en même temps. Et si vous ne disposez pas encore d'une information attendue, reconnaissez-le plutôt que de laisser circuler des rumeurs.

- Soyez un élément rassembleur tenant compte de la mission et des objectifs de l'entreprise ainsi que de ses partenaires. Tenez un discours constructif en mettant en évidence les buts communs de toute l'équipe.
- Ne jugez pas ! Chercher à avoir raison ne fait qu'augmenter les tensions. Intéressez-vous au point de vue de l'autre pour le comprendre. Restez curieux de l'autre et ouvert à ses idées.

### CLIN D'ŒIL EMPLOYÉ

Soyez une personne à l'écoute des autres et parlez-en en bien. Vous aurez certainement beaucoup de succès si vous alimentez rumeurs et critiques malveillantes, mais vous devrez alors vous attendre tôt ou tard à un retour de manivelle. Rendez-vous intéressant par la qualité de votre travail plus que par vos « piques » bien placées !

Soyez attentif à vos émotions : prenez la distance nécessaire pour décider si elles sont proportionnées au regard de la situation objective. Si nécessaire, prenez un peu de temps avant de réagir.

Développez une attitude positive. Vous attirerez davantage la sympathie et la confiance et vous vous sentirez vous-même beaucoup mieux.



Soignez votre équilibre personnel et votre humeur en menant une vie saine et agréable. Dès lors que vous serez en bonne santé, détendu et confiant, vous n'aurez aucune raison d'agresser les autres et, de plus, les propos désagréables glisseront sur vous.

L'humour ! Ne l'oubliez jamais, il met une distance joyeuse et salutaire et permet, vous le savez, de sortir des situations les plus dramatiques. C'est un ingrédient magique à utiliser au travail avec parcimonie et à bon escient. Attention cependant : ne le confondez pas avec l'ironie qui n'est qu'une forme d'agressivité. Rire fait du bien au corps et à l'esprit !

# FAQ

## LE CONFLIT EST-IL TOUJOURS NÉGATIF ?

Certainement pas ! Phénomène qui survient couramment dans la vie privée comme professionnelle, le conflit résulte des intérêts différents des uns et des autres, qui s'opposent forcément à certains moments. Le conflit est donc normal, et exprimer ses divergences en matière d'objectifs ou d'opinions est très sain ; il est préférable que cela soit dit plutôt que contenu. Ainsi, résolu à temps et en tenant compte de l'avis de chacun, le conflit peut se révéler positif.

### CLIN D'ŒIL EMPLOYEUR

Mal-aimés, les conflits sont souvent étouffés ; or nier le problème, en minimiser l'importance ou déclarer aux nouveaux arrivants qu'il ne peut y en avoir est une grave erreur ! Même s'il ne faut pas accorder d'importance à la première petite contrariété,

## QUE FAIRE EN CAS DE CONFLIT LIÉ AUX TÂCHES ?

Un conflit lié aux tâches, autrement dit portant sur un objet précis, est un conflit cognitif. Réjouissez-vous car dans ce type d'opposition, la confrontation d'idées, si elle est bien menée, pourra déboucher sur des innovations porteuses pour l'entreprise. Utilisez dans ce cas les techniques de négociation : traitez le différend en vous centrant sur les intérêts communs en jeu et en évitant les positions personnelles. Imaginez des solutions dans une perspective de bénéfices mutuels et trouvez un accord reposant sur des critères objectifs. Présentez la rencontre comme un échange dynamisant pour l'équipe.

## QUE FAIRE EN CAS DE CONFLIT LIÉ AUX PERSONNES ?

Amenez les deux parties à s'exprimer sans attendre de manière à mettre le problème à plat et donc, généralement, à le dégonfler. Le non-dit favorise, au contraire, avec la charge affective, l'amplification des propos litigieux ou l'exagération de l'importance d'un comportement jugé déplacé. Dans ce cas, inutile alors de chercher l'origine du conflit, car l'objectif est de calmer les esprits et de redémarrer dans un climat de confiance retrouvé.



## COMMENT DÉTECTER LES SIGNAUX DE MALAISE ?

Évidemment, les attaques verbales, les reproches, l'infériorisation de l'autre sont source de conflit. Une seule phrase assassine peut rester gravée dans la mémoire des années durant. L'humiliation d'un employé par son supérieur soulignant un manquement, en réunion, peut donner lieu à un ressentiment tenace. Une promotion accordée au « chouchou » suscite la jalousie des autres. D'où la nécessité d'adopter en permanence une attitude respectueuse et juste envers tout le monde.

Si les joutes verbales sont des signaux très visibles, les évitements sont tout aussi significatifs. Dans ce cas, les protagonistes ne se comportent pas de façon agressive mais optent pour une stratégie de fuite. Quand des personnes ne se parlent que pour le strict nécessaire, qu'elles se protègent par des écrits en ne communiquant plus que par mails, qu'elles s'évitent dans les couloirs et lors des réunions ou des rencontres, c'est manifestement le signe que le feu couve. Or il est plus facile d'éteindre un petit feu de braises qu'un gros incendie...

## COMMENT RÉSOUDRE UN CONFLIT SANS PERDANT ?

Le conflit ne peut être résolu en profondeur s'il y a un laissé-pour-compte. Plutôt que vouloir s'en débarrasser au plus vite, il est donc important de le considérer à sa juste valeur et de prendre le temps nécessaire pour le traiter. Cet effort est à considérer comme un investissement pour l'avenir. Les rivalités qui s'installent, la démotivation qui s'en suit, voire les burn out, seront bien plus coûteux que le temps pris pour désamorcer le conflit à la racine.

Premièrement, les deux parties doivent être écoutées et doivent s'écouter mutuellement. Vous aurez pris soin que chacune s'exprime en son nom, exprime sa vision de la situation, en « je » et sans agressivité vis-vis de l'autre. Une fois que les deux parties ont exprimé leur position et leur ressenti, elles proposent spontanément des perspectives d'avenir. Il est judicieux d'en fixer les balises pour en apprécier les progrès.

**PETIT PLUS**

On aura toujours à l'esprit de trouver une solution gagnant-gagnant et on veillera à ce que chaque partie soit consciente de ce qu'elle obtient, de ce qu'elle sacrifie éventuellement et de sa motivation à collaborer sur les nouvelles bases établies.

## QUELLE EST L'IMPORTANCE DES CONDITIONS DE TRAVAIL ?

Il serait faux de n'attribuer l'origine des conflits qu'aux divergences d'intérêts ou d'opinions, aux comportements et différences de valeurs. Des faits comme les situations précaires, les différences de statut et/ou de salaire au sein d'une équipe sont de nature à susciter la jalousie et à créer des tensions.

L'environnement de travail conditionne, lui aussi, la bonne ou mauvaise ambiance d'une équipe. Comment se sentir en paix si l'on ne dispose pas d'un espace suffisant pour entretenir un sentiment de bien-être et de sécurité ? À moins que ces conditions ne soient obligatoirement liées à l'exercice du métier, comment se sentir joyeux dans un cadre sale, terne, sombre, bruyant, malodorant, mal aéré, glacial ou surchauffé ? Comment ne pas s'énerver quand le matériel est obsolète ou défectueux ? Comment travailler efficacement quand le système informatique tombe régulièrement en panne ?

En fonction des budgets, l'employeur veillera à aménager un cadre agréable et confortable, un coin consacré à la détente et aux échanges pour le café et les repas, des lieux où il est possible de parler dans la confidentialité. Dans les grandes entreprises, la direction encouragera les activités amicales qui permettent au personnel de mieux se connaître, les activités sportives qui contribuent à sa bonne santé et lui permettent de se détendre, et les activités de bien-être, comme la méditation de pleine conscience, qui lui permettent de s'équilibrer. Toute entreprise a intérêt à avoir un personnel heureux, bien dans sa tête et dans son corps, motivé et content de se lever le matin pour retrouver un travail qui lui plaît. L'environnement de travail et les moyens mis en œuvre y contribuent largement !



S'il est plus agréable et plus facile que l'employeur ait à cœur d'aménager pour son équipe un environnement sain, serein, fonctionnel et confortable, usez de votre champ d'action pour personnaliser votre espace. Quelques photos, des objets personnels, un de vos « gris-gris », des plantes vous réconforteront en recréant un cadre familier. Pour la déco, osez faire des propositions : peut-être que, par habitude, personne n'y a pensé ! Quelques accessoires pour marquer les fêtes égaieront votre lieu de travail et tous vos collègues vous en remercieront.

# À VOUS DE JOUER !

Réfléchissez à présent au nombre de conflits que vous avez vécus récemment au travail et déterminez-en cinq, que vous décrirez brièvement. Pour chacun, identifiez la/les personne(s) impliquée(s) et essayez de mettre le doigt sur le mot, la tournure ou l'attitude ayant déclenché l'antagonisme. Enfin, posez-vous la question : « qu'aurais-je pu faire différemment ? » Vous serez alors peut-être à même d'envisager des solutions utiles pour chaque conflit.

Utilisez le tableau suivant :

# À vous de jouer !

|  | 1. | 2. | 3. | 4. | 5. |
|---|---|---|---|---|---|
| **CONFLIT** |  |  |  |  |  |
| **PERSONNE(S) IMPLIQUÉE(S)** |  |  |  |  |  |
| **MOT(S) DÉCLENCHEUR(S)** |  |  |  |  |  |
| **RÉACTION ALTERNATIVE** |  |  |  |  |  |

*Votre avis nous intéresse !*
*Laissez un commentaire sur le site de votre*
*librairie en ligne et partagez vos coups de cœur sur*
*les réseaux sociaux !*

# POUR ALLER PLUS LOIN

## SOURCES BIBLIOGRAPHIQUES


- BALESTRA (Claudio), BOUANCHEAUX ZUCKERMANDL (Éric) et BALESTRA (Costantino), *Introduction à la CommunicAction*, Bruxelles, la Charte Professional Publishing, 2014.

- CORMIER (Solange), *Dénouer les conflits relationnels en milieu de travail*, Québec, Presses de l'Université du Québec, 2004.

- KELLER (Françoise), *Pratiquer la CNV au travail*, Paris, InterEditions, 2013.

- LATENDRESSE (Josée), « Faire face aux conflits », in *Centre 1,2,3 GO!*, consulté le 10 mars 2015.

- www.centre123go.ca

- ROSENBERG (Marshall), *Dénouer les conflits par la communication non violente*, Thonex, Jouvence, 2003.

- SALOMÉ (Jacques) et POTIE (Christian), *Oser travailler heureux*, Paris, Albin Michel, 2000.